DINOSAURIOS

El arqueópterix

Texto de Rupert Oliver
Ilustraciones de Bernard Long
Versión en español de Argentina Palacios

Library of Congress Cataloging-in-Publication Data

Oliver, Rupert.
   [Archaeopteryx. Spanish]
   El arqueópterix/Rupert Oliver; versión en español de Argentina Palacios.
   p. cm.
   Traducción de: Archaeopteryx.
   Resumen: Describe las características físicas, los hábitos y el ambiente natural del dinosaurio alado conocido como arqueópterix.
   ISBN 0-86593-224-7
   1. Arqueópterix — Literatura juvenil. [1. Materiales en español. 2. Arqueópterix.] I. Título.
QE872.A804518 1992
568'.22—dc20
                             92-13111
                               CIP
                               AC

THE ROURKE CORPORATION, INC.
VERO BEACH, FL 32964

Ranforinco

Pteranodón

Pterodáctilo

Anquilosaurio

Dimetrodón

Iguanodón

Tricondón

El arqueópterix

Arqueópterix

Ictiosaurio

Plesiosaurio

Deinonico

Notosaurio

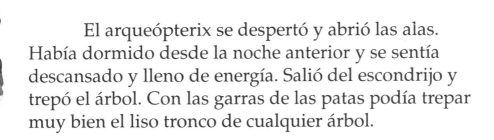

El arqueópterix se despertó y abrió las alas.
Había dormido desde la noche anterior y se sentía
descansado y lleno de energía. Salió del escondrijo y
trepó el árbol. Con las garras de las patas podía trepar
muy bien el liso tronco de cualquier árbol.

Como tenía hambre, se puso a buscar qué
comer, de rama en rama. Desde lo alto miraba las
ramas de abajo. En una de éstas vio un lagarto que
podría ser apetitoso.

Con mucho cuidado para no perturbar al
lagarto, el arqueópterix cambió de posición. Para bajar
y quedar al pie de él tendría que lanzarse bien. Una
vez en el aire, no podría cambiar de dirección tan
fácilmente porque no era muy hábil para volar. Tendría
que calcular el planeo a la perfección.

Por fin se sintió listo, desplegó sus enplumadas alas y se lanzó al aire. De repente, el lagarto vio al arqueópterix y echó a correr pero era demasiado tarde. El arqueópterix aterrizó a unas cuantas pulgadas del lagarto y en un santiamén lo agarró con sus agudos dientes.

El arqueópterix mantuvo al lagarto bajo sus patas mientras le arrancaba pedazos y se los tragaba enteros. Abajo se oían fuertes pisadas pero no hizo el menor caso. Se había comido como la mitad de la presa cuando un fuerte movimiento entre las hojas, como de algo grande, lo sorprendió. Miró con recelo a su alrededor pero ya no había ruido. Podría haber sido sólo el viento.

Entonces, por entre las hojas apareció una
criatura mucho más grande que el arqueópterix, y se
dirigía hacia él. El arqueópterix sintió miedo y no se le
ocurría nada. Entonces saltó de la rama y abrió las alas.

Revoloteó, planeó y miró a su alrededor. La cabeza que lo había asustado era la de un pelorosaurio. Este dinosaurio gigante estaba comiendo hojas, las cuales alcanzaba en las ramas más altas con su largo cuello.

El arqueópterix llegó al suelo sano y salvo. El pelorosaurio era herbívoro y no lo molestaría. Se metió entre los matorrales para evitar las patas del dinosaurio.

Entonces oyó otras pisadas que se acercaban. Eran menos ligeras que las del pelorosaurio. De pronto salió de la broza un feroz megalosaurio. El pelorosaurio vio al poderoso cazador y dio un chillido de terror. El enorme pelorosaurio se desplazó pesadamente por entre los árboles seguido por el poderoso megalosaurio.

Cuando el dinosaurio grande se fue, el arqueópterix salió del monte y siguió adelante.

Una vistosa mariposa grande voló frente al arqueópterix, al cual, aún con hambre, le pareció un buen bocado. La mariposa revoloteó entre las matas. El arqueópterix, con sus largas patas, corrió tras ella. La podía seguir entre las matas por los colores y no tardó en alcanzar al insecto. El arqueópterix saltó alto en el aire y agarró a la mariposa con las mandíbulas.

Cuando la estrujaba volvió la cabeza y vio que de un lado escaseaba la vegetación. También sintió olor a agua y reptó entre las matas en busca de agua para beber.

El arqueópterix se encontró en una de las
amplias orillas de un río. La repentina claridad del sol
lo hizo parpadear, pero pronto pudo ver una multitud
de animales distintos.

No muy lejos se encontraba un cocodrilo
grande, medio en el agua, medio en la tierra,
asoleándose tras una comilona. Un par de
elafrosaurios vadeaban en los bajíos. De repente uno
de ellos sumergió la cabeza en el agua y cuando la
sacó, traía un pescado en las mandíbulas.

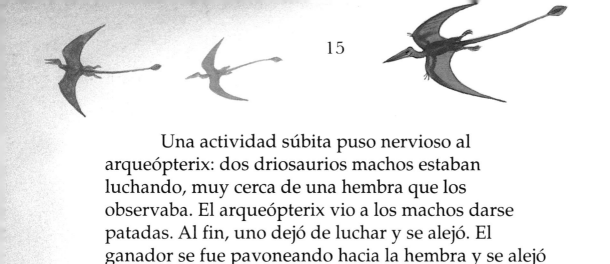

Una actividad súbita puso nervioso al arqueópterix: dos driosaurios machos estaban luchando, muy cerca de una hembra que los observaba. El arqueópterix vio a los machos darse patadas. Al fin, uno dejó de luchar y se alejó. El ganador se fue pavoneando hacia la hembra y se alejó con ella. Era la época de celo y la lucha había decidido cuál de los dos sería el macho dominante. Después, algo más interesante atrajo al arqueópterix.

No muy lejos había un alcodón muerto. Un dinosaurio de mayor tamaño pudo haberlo matado. Ya se habían comido parte del animal, pero todavía quedaba bastante para el arqueópterix.

El arqueópterix se acercó con cautela. Tal vez el cazador que había matado al alocodón todavía se encontraba por allí. Miró muy bien por los alrededores y, como no vio nada, empezó a tirar del cadáver y a comer. Apenas había mordido un jugoso pedazo de carne cuando llegó un compsognato. Este pequeño dinosaurio quería el pedazo de carne que tenía el arqueópterix. Y empezaron a disputárselo — tira de aquí y tira de allá.

Fue entonces que el arqueópterix notó la presencia de otro dinosaurio. Un teinurosaurio, que había sido el que mató al alocodón, corría en dirección a los adversarios. Venía a proteger su presa.

El arqueópterix sabía muy bien que el teinurosaurio también podría hacerlo su presa si lo alcanzaba, de modo que corrió lo más rápido que pudo. Sus patas eran muy rápidas, pero las del teinurosaurio lo eran aún más. Ya éste casi le daba alcance pero al arqueópterix le quedaba una manera de salvarse: rápidamente se trepó a un árbol. Sentía al teinurosaurio casi encima pero este dinosaurio grande no podía trepar árboles. El arqueópterix estaba a salvo.

El teinurosaurio miró con rabia al arqueópterix,
pero como no podía alcanzarlo, se fue. Ya empezaba a
oscurecer y el arqueópterix estaba cansado. Subió más
arriba y cuando encontró una horqueta de su gusto, se
acomodó para dormir esa noche. En ese momento
llegó un camptosaurio a comer hojas. El sol empezó a
ocultarse en el cielo y el arqueópterix se durmió.

El arqueópterix y la Europa del jurásico

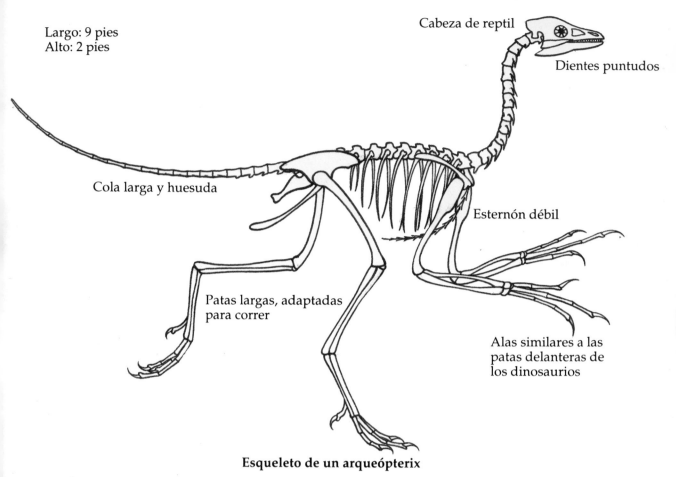

Largo: 9 pies
Alto: 2 pies

Cabeza de reptil

Dientes puntudos

Cola larga y huesuda

Esternón débil

Patas largas, adaptadas para correr

Alas similares a las patas delanteras de los dinosaurios

Esqueleto de un arqueópterix

El arqueópterix vivió en la era de los dinosaurios, que los científicos subdividen en tres períodos: el triásico, que empezó hace unos 225 millones de años y duró 35 millones de años; el jurásico, que se extendió desde hace 190 millones hasta hace 136 millones de años; y el cretáceo, que duró hasta hace unos 64 millones de años. Los fósiles del arqueópterix datan de mediados del jurásico.

Todos los fósiles de arqueópterix se han encontrado en una pequeña área de Alemania. Se cree que habitó también en otras partes de Europa central, pero como tenía los huesos pequeños y frágiles, éstos sólo se fosilizaron bien en Alemania.

En Norteamérica se ha encontrado un fósil que puede haber sido pariente del arqueópterix pero nadie está seguro de que fuera una especie de ave.

Desde que se descubrió el primer fósil de arqueópterix, en 1861, los científicos no están de acuerdo en el estilo de vida que tuvo esta criatura. Según unos, era arbóreo y no volaba sino planeaba desde las ramas de los árboles, no desde el suelo. Según otros, vivía en el suelo y usaba las alas como trampas para atrapar insectos, o para cortejar a la pareja. Creen éstos que las plumas le nacieron para servir de aislador y que después le sirvieron para volar.

El arqueópterix es la primera ave de que se tiene noticia, pero en muchas cosas parecía más reptil que ave. Se dice también que pudo ser un reptil en vías de evolución a ave. Sus fósiles son la prueba de que las aves evolucionaron de los dinosaurios. Pero los científicos no están de acuerdo en qué tipo de dinosaurio fue el antepasado.

La Europa del jurásico medio era muy distinta de la de hoy en día. Sólo había plantas que no producían flores. Muchos animales también nos parecerían raros. Los mamíferos que existían eran pequeñitos, y nocturnos. Pero los lagartos y las mariposas se parecerían a los que conocemos hoy en día.

Descendientes actuales del arqueópterix

Búho

Águila

Gorrión

Ave del paraíso